De viajes, pastores y prodigios

Mario Iván Martínez

De viajes, pastores y prodigios

Aventuras del pequeño Mozart

Ilustrado por Juan Gedovius

ALFAGUARA

El papel utilizado para la impresión de este libro ha sido fabricado a partir de madera procedente de bosques y plantaciones gestionadas con los más altos estándares ambientales, garantizando una explotación de los recursos sostenible con el medio ambiente y beneficiosa para las personas.

De viajes, pastores y prodigios
Aventuras del pequeño Mozart

Primera edición: agosto, 2025

ISBN: 978-607-386-213-4

Impreso en México – *Printed in Mexico*
Esta obra se terminó de imprimir
en el mes de Agosto de 2025,
en los talleres de Offset Santiago S.A de C.V
Estado de México.

La música es el arte más directo:
entra por el oído y se va derecho al corazón

Astor Piazzolla

Deditos milagrosos

Leopoldo Mozart miró pensativo hacia el cielo, se rascó la barbilla, se acomodó firmemente su blanca peluca sobre la cabeza y exclamó:

—Debemos llamarle Johannes Chrysostomus, ya que nació en el día de San Juan Crisóstomo.

—De acuerdo, papá, pero también hay que ponerle Wolfgang, como su abuelito —dijo mamá, abrazando con ternura a su recién nacido de rubia cabellera, brillantes ojos azules y naricita de botón.

—Y Theophilus, como su padrino, pues se sentirá ofendido si no incluimos su nombre, amor —añadió papá.

—¡Tienes razón! También le pondremos Theophilus —accedió la madre—. Me gusta porque quiere decir "amado de Dios".

—De acuerdo —contestó papá Mozart—, creo que con eso será más que suficiente. Entonces, nuestro hijo se llamará...

—¡Toma aire, amor! —bromeó mamá—. Te reto a decirlo en una sola respiración.

El señor Mozart inhaló profundamente:

—Johannes Chrysostomus Wolfgangus Theophilus Mozart.

—¡Bravo! ¡Lo lograste! —celebró su esposa, aplaudiendo.

Ambos padres sellaron su elección dando un beso en la frente a su bebé.

El 27 de enero de 1756, en Salzburgo, una bella ciudad de Austria, ese niño de largo nombre había nacido de la pareja formada por el músico, compositor y violinista Leopoldo Mozart y su esposa, Anna María. Cinco años antes habían recibido una niña, a la cual bautizaron María Anna Walburga Ignacia Mozart, pero a quien cariñosamente llamaban Nannerl.

Pasó el tiempo y muy pronto los dos hermanos Mozart fueron instruidos por su padre en el arte de la música. Nannerl era muy estudiosa y obediente; don Leopoldo escribía pequeñas piezas para que ella las ejecutara en el teclado.

Junto a la niña se hallaba siempre su hermanito, a quien de cariño le apodaron Wolfi. En ocasiones, los pequeños Mozart jugaban a ser el rey y la reina de un país encantado donde habitaban duendes y hechiceros y los animales reían, bailaban y hacían música maravillosa.

Por muchos años don Leopoldo fue el único maestro de los niños. No sólo les enseñaba música, sino que también los instruía en matemáticas, literatura y hasta danza. El padre era empleado por el importante arzobispo de Salzburgo, quien reconocía su talento como violinista y compositor y le había encomendado la tarea de escribir música para las distintas festividades de la Iglesia, en capacidad de maestro de capilla. Al mismo tiempo, el arzobispo veía con buenos ojos que el señor Mozart se ocupara con tanto esmero en la educación de sus hijos.

—¡Mira, papi, hice esto para ti! —dijo un día emocionado el pequeño Wolfi dando brincos.

Don Leopoldo tomó la hoja de papel que su hijito le extendía con sus rosadas manos regordetas. Wolfi había escrito una danza y ¡tan sólo tenía cuatro años! Era su primera composición.

—Suena muy bonito cuando la toco, papá. Se sienten cosquillitas en la panza —aseguró el niño mientras experimentaba con los acordes de su nueva obra.

Mamá Mozart y la bella Nannerl entraron en ese momento a la habitación para escuchar al pequeño prodigio, cuyos deditos milagrosos resbalaban sobre el teclado como por arte de magia.

De igual manera, resultaba impresionante la memoria del diminuto compositor. Wolfi podía escuchar a su hermana un par de veces practicando una canción en el teclado para luego repetir, de memoria, toda la obra a la perfección. Lo más positivo de todo era que Wolfgang lo hacía siempre con sincero placer, en todo momento con una sonrisa. Además, no dejaba de ser un niño juguetón y travieso. Por ejemplo, una mañana papá Mozart se descubrió en el espejo con el rostro cubierto de notas musicales que, mientras dormía, el pequeño Wolfi había pintado ante el regocijo de todos.

—Un milagro de Dios ha permitido que este niño nos haya llegado hasta Salzburgo —comentó don Leopoldo una noche a su esposa—. ¡Esto lo tiene que saber la gente!

—Tienes razón, amor —estuvo de acuerdo mamá—. ¿Por qué no presentas a los niños ante el arzobispo? Los próximos festejos de Navidad serán el marco perfecto. Cuando su eminencia los conozca, se dará cuenta de que muchos también deben escucharlos.

—Excelente idea. Así lo haremos —concluyó el padre con un guiño.

La familia preparó un concierto especial para las fiestas de diciembre, el cual tuvo lugar en el palacio arzobispal y ante muchos invitados de la región.

En el palacio todo había sido decorado con alegres festones navideños de múltiples colores. Llegado el momento de su participación, Nannerl cantó con gracia un alegre villancico al tiempo que su hermanito la acompañaba al piano. Un grupo de niños disfrazados de angelitos escucharon asombrados.

Después, Wolfi y su hermanita interpretaron otra nueva composición: un dulce arrullo para dormir al niño Jesús en el pesebre que conmovió a los asistentes, quienes terminaron tarareando la contagiosa y sencilla melodía. Don Leopoldo, músico experimentado, aderezó la pieza con la magia de su violín.

—¡Bravo, amigo Mozart! —exclamó el arzobispo al concluir la presentación—. La Providencia lo ha bendecido con este par de hijos prodigiosos. Lo felicito de corazón.

—Mil gracias, eminencia —respondió el padre con una pronunciada caravana.

El plan de mamá había surtido efecto.

Días más tarde, cuando papá Mozart solicitó permiso para ausentarse un tiempo del trabajo con el fin de llevar a sus hijos de gira, el arzobispo le otorgó licencia para hacerlo. Comenzarían en la ciudad de Múnich. El trayecto a esa ciudad sería muy largo y había mucho que planear, pues ¡la familia Mozart se iba de viaje!

Salzburgo, la ciudad donde Wolfi nació, se encuentra en el país europeo de Austria? El nombre de esta ciudad proviene de las palabras alemanas *salz*, que quiere decir "sal" y *burg*, que significa "fortaleza" o "ciudad". Así pues, el nombre se traduce como "Ciudad de la sal". Salzburgo alcanzó la fama por ser el lugar donde nació nuestro héroe, Wolfgang Mozart, y cada año ahí se celebran importantes festivales musicales en su honor. Si algún día viajas a Salzburgo no dejes de visitar la casa donde nació Mozart; está abierta al público y se encuentra en el número nueve de la calle Getreidegasse, que quiere decir "avenida del grano".

De igual forma te recomendamos ampliamente buscar y deleitarte con los famosos *Mozartkugel*, una golosina tradicional austriaca originaria de Salzburgo que fue creada por el pastelero Paul Fürst en 1890 en homenaje al famoso compositor que aquí nos ocupa. Cada *Mozartkugel* consiste en una bolita de mazapán de pistache con miel y almendras recubierta con chocolate oscuro. ¡Son una delicia!

Una familia trotamundos

—¡Apúrate, Wolfi! Ya está aquí el carruaje —gritó Nannerl mientras se envolvía en su larga capa de viaje.

—Un ratito más —suplicó el pequeño desde el teclado—, aún no toco bien el final de esta pieza.

—Pues la ensayarás en el camino —concluyó la niña mientras colocaba sobre la cabeza de su hermano un gracioso sombrerito de tres picos.

Los Mozart partirían ese día para la ciudad de Múnich, donde tocarían para el príncipe Maximiliano de Baviera, un hombre amante de la música que había contratado sus servicios y a quien don Leopoldo admiraba por ser un gobernante interesado en el bienestar de sus súbditos. Los niños habían estudiado mucho para esa presentación.

Mamá Mozart les preparó una canasta con grandes salchichas coloradas, puré de manzana para los niños y rábanos picantes para papá, y no olvidó empacar fresas silvestres y pan recién horneado. También doña Anna María cocinó para ellos su famoso *goulash*, un delicioso guiso de carne de ternera con salsa de tomate y pimentón dulce. De postre no podía faltar el *apfelstrudel,* un hojaldre relleno de manzanas aderezadas con azúcar, pasas y canela, el cual era el platillo predilecto del goloso Wolfi. Cuando mamá lo sacaba del horno, ¡la música podía esperar! El aroma llevaba al niño casi flotando a la cocina para ser el primero en degustarlo junto al calorcito de la chimenea en compañía de su perrito color miel, el siempre animoso Schatzi.

Era una mañana brillante en Salzburgo y la calle resplandecía con adoquines recién lavados. El transporte ya esperaba a la puerta y los caballos parecían impacientes por partir, apenas calmados por un joven y amable pelirrojo llamado Kurt, quien sería el cochero del carruaje que don Leopoldo había alquilado para que los llevara hasta Múnich.

Al salir, Wolfi notó que un dueto de simpáticos y coloridos pajarillos cantaba dando brinquitos sobre el toldo del carruaje. Las animosas avecillas parecían haber venido a despedirse de los Mozart y a desearles buena fortuna. Wolfi los contempló con una sonrisa y deseó memorizar la melodía de su canto para usarla más adelante en una nueva composición. Schatzi saltaba dando ladridos alrededor del niño como diciendo: "No te vayas, no me dejes".

—Pórtate bien, amigo, y cuida mucho a mamá —le pidió Wolfi, arrodillándose ante su mascota.

Schatzi respondió con lengüetazos sobre el rostro divertido del pequeño compositor.

Don Leopoldo besó a su esposa en la mejilla y animó a sus hijos a subir al coche con una ligera caricia en la espalda. Kurt sacudió las riendas de los caballos y las ruedas del carruaje comenzaron a girar.

—Adiós, mami; adiós, Schatzi, ¡los quiero mucho! —gritó Wolfi, asomándose peligrosamente desde la ventana. Mamá Mozart vio como el brazo de papá jalaba al niño de nuevo al interior del coche.

La señora Anna María dejó escapar una lágrima y, agitando su dedo índice, dijo al perrito:

—Nada de llorar, Schatzi, ¿eh? Nada de llorar.

El can respondió con un par de efusivos ladridos que parecían decir: "¡Pero si la chillona es usted, señora!".

Poco a poco el carruaje desapareció por las estrechas callejuelas de la ciudad. Corría el año de 1762. El viaje a Múnich tomaría varios días y, como los Mozart debían ensayar para el concierto, aprovechaban para hacerlo dentro del carruaje sobre un improvisado teclado de madera en el que don Leopoldo había pintado las teclas para simular aquellas que se hallarían en un piano de verdad. El padre llevaba consigo su violín, pues no podía arriesgarlo dentro de las maletas que habían sido aseguradas al toldo de la diligencia; su instrumento era un preciado tesoro y los caminos en ese tiempo eran sinuosos y poco confiables, abundantes en piedras sueltas y profundos hundimientos.

Después de practicar un buen rato, los niños degustaron las delicias que mamá Mozart les había preparado, deteniéndose en medio de un frondoso bosque por el que atravesaba un brillante río. Los caballos, un par de fuertes corceles blancos a los que Wolfi ya les había puesto nombres musicales, Allegro y Bemol, aprovecharon para comer hierba fresca y beber de las aguas cristalinas que hacían musiquita alegre entre las piedras.

Mientras terminaba de comer, el niño se entretuvo mirando cinco patitos esponjados y amarillos que, contoneándose, se lanzaban al agua tras su mamá.

—¡Mira! —exclamó Wolfgang—, ellos también se van de viaje.

—Tal vez, hermanito —contestó la niña, al tiempo que recolectaba flores silvestres.

El pequeño pianista, corriendo por el prado, preguntó:

—¿Jugamos a las escondidas en el bosque, papi? ¿Podemos quedarnos aquí otro ratito?

—No lo recomiendo, señor Mozart —interrumpió Kurt, el cochero—. Hemos sabido que por estas partes abundan asaltantes al acecho de los viajeros. Sería prudente retomar el camino pronto para llegar a Múnich al atardecer.

—Así será, Kurt —asintió el padre—. Gracias por prevenirnos. Vamos, niños, es hora de partir. Pero ¿dónde está Wolfgang?

—No lo sé, papá —respondió Nannerl mientras engullía la última fresa de la canasta—. Estaba aquí hace un momento.

—Bueno, pues no hay remedio, nos iremos sin él. Tú tocarás sola el minueto ante el príncipe, hija —bromeó don Leopoldo, a sabiendas de que su hijo, siempre juguetón, estaría escondido por ahí.

—Muy bien, papi —dijo Nannerl, siguiendo la chanza—. Además, sin Wolfi iremos más cómodos dentro del coche y nadie me arrugará el vestido y, sobre todo, lo más importante...

—¿Qué es lo más importante, hija? —preguntó papá con una pícara sonrisa.

—¡Que habrá más hojaldre de manzana para ti y para mí! —aseguró la niña.

—Esperen, no se vayan, ¡falto yo! —gritó Wolfi asomándose por detrás de un árbol—. Tú puedes tocar sola si quieres, Nannerl, pero el hojaldre de manzana... ¡nadie me lo gana!

La familia Mozart continuó su camino entre bromas, juegos y una que otra clase de solfeo.

Wolfi se quedó dormido sobre el hombro de papá cuando el sol se despedía en el horizonte y los Mozart cruzaban por debajo de los arcos majestuosos que rodeaban la vieja ciudad de Múnich.

¿Sabías que...

el carruaje es un medio de transporte que depende de la fuerza de los animales para moverse? Ha existido desde tiempos muy antiguos y está hecho de un armazón de madera y hierro que se desplaza sobre dos o más ruedas. Debido a la invención del tren y del automóvil el uso del carruaje en nuestros días es poco frecuente. Hoy se utiliza como pieza de museo o atractivo turístico. Tal vez hayas visto alguno decorado con globos de colores en ferias o parques. En las ciudades de Viena, Nueva York, Nueva Orleans y en la ciudad mexicana de Mérida una de las tradiciones más favorecidas es el **paseo en carruaje.** En nuestros días, estos trayectos sirven para dejar atrás por un rato la vida moderna y revivir la manera en que se transportaban nuestros antepasados.

En el Castillo de Chapultepec, hoy Museo Nacional de Historia, en la Ciudad de México, puedes admirar un espléndido carruaje de gala que sirvió para transportar al emperador Maximiliano de México (¡otro Maximiliano, como el príncipe de nuestra historia!). En su tiempo, ese carruaje era tirado por ocho caballos con penachos de plumas.

Seguramente el carruaje que transportó a Wolfi era mucho más modesto. Prueba dibujarlo incluyendo a Kurt, el cochero; a los dos caballos, Allegro y Bemol, y, por supuesto, a la familia Mozart.

Aplausos, cerezas y decepciones

Cuando Wolfi despertó, ya estaban en la habitación de la posada donde habrían de hospedarse. Don Leopoldo la había elegido por estar ubicada muy cerca del palacio donde tendría lugar su concierto y, además, ahí había un piano en el que los niños podrían practicar.

Al día siguiente, después del desayuno, los pequeños corrieron a conocer el instrumento. No estaba en muy buenas condiciones, pero serviría para ensayar: una de las teclas no emitía sonido, por lo que, cada vez que debían usarla, Wolfi cantaba la nota faltante con buen ánimo y Nannerl no podía contener la risa. Por momentos, los huéspedes se acercaban para escuchar el ensayo de los niños.

Llegada la tarde, los Mozart se vistieron con sus mejores ropas y se dirigieron al palacio del príncipe Maximiliano. El portón principal estaba decorado con estatuas de leones, unicornios y águilas doradas, todas esculpidas en mármol blanco. Uno de los grandes felinos de piedra se veía muy enojado y mostraba la lengua con gesto amenazante.

Wolfi lo miró fijamente y no resistió sacarle la lengua también.

—Hijo, ¡eso no se hace! —lo reprendió don Leopoldo.

—Él la sacó primero, papi —se excusó el niño.

Estaban a punto de entrar por el acceso principal del palacio cuando un guardia de reluciente casco les indicó que los músicos debían acceder por la puerta trasera de servicio.

Horas más tarde, en un enorme salón de altas paredes blancas decoradas con guirnaldas de madera dorada y bajo un candelabro de setecientas luces, los Mozart tocaron ante el príncipe Maximiliano y su corte. Todos lucían blancas pelucas con rizos y las joyas de las damas resplandecían como lo hacen las luciérnagas en el cielo nocturno.

Después de las primeras piezas hubo muchos aplausos. La corte no podía creer que una música tan difícil y melodiosa fuera interpretada con tal habilidad por dos niños tan pequeños.

Al final de esta primera intervención, los Mozart fueron llevados a una sala donde deberían esperar al lado de otros artistas que también se presentarían ante la corte. Aquel lugar estaba repleto de malabaristas, contorsionistas, bailarines y domadores de animales, y por ese mismo salón entraban y salían sirvientes elegantemente vestidos cargando bebidas, deliciosos bocadillos y pastelitos multicolores. Fue durante un descuido de los lacayos que Wolfi, trepado en una silla, logró robarse una cereza cubierta de chocolate cuando el sirviente cruzaba presuroso.

Durante el descanso de la familia Mozart unos niños ejecutaron graciosas danzas ante el príncipe con los acordes de una mandolina. Luego entró un payaso domador de perritos, que venían vestidos con trajecitos de raso con estrellitas bordadas y sombreritos decorados con pequeñas plumas. Los canes ejecutaban simpáticas volteretas y saltaban a través de aros de colores ante una señal de su amo. Los cortesanos reían y aplaudían sus gracejadas. Wolfi los miraba desde la puerta del salón y le vinieron recuerdos de su fiel perrito Schatzi.

El entretenimiento de la noche concluyó con una nueva intervención de los Mozart, pero en esta ocasión, con un teatral ademán, don Leopoldo colocó una venda sobre los ojos de su hijo para demostrar su talento... ¡y Wolfi tocó a ciegas perfectamente, ante el asombro de todos!

Al concluir la música, varias damas de la corte se acercaron entre empujones al pequeño Mozart. Algunas le daban besos en las mejillas y otras pellizcaban su naricita de botón.

—¡Ah, pero qué primor de niño! Parece de azúcar —decían emocionadas —. ¡Y qué lindo toca! No faltaba más, me lo llevo a casa, ¡me lo como a besos!

—¡Auxilio, papi! —gritó Wolfi—. ¡Esta señora me quiere comer!

La corte explotó en sonoras carcajadas y don Leopoldo se excusó, sonrojado.

Una vez calmados los ánimos, el príncipe Maximiliano se acercó a la familia y exclamó con voz suave y aterciopelada:

—Reciba nuestro agradecimiento, Mozart. Sus hijos poseen un admirable talento. Estoy seguro de que muy pronto toda la realeza de Europa buscará sus servicios. Escribiré al palacio de Schönbrunn para que reciba usted una invitación de su majestad la emperatriz María Teresa y de su hijo, el archiduque José, quien como usted sabe es un gran amante de la música e incluso gusta de tocar el piano. No con la habilidad de su hijo, por supuesto, pero el buen José hace lo que puede.

—Mucho habremos de agradecer su amable recomendación, alteza —respondió don Leopoldo con profunda reverencia.

—Con gusto, Mozart, con gusto —continuó el príncipe—. Ahora pase con mi gente para que recompense sus servicios.

El príncipe Maximiliano se retiró de la sala y toda su corte con él. Wolfi estuvo a punto de robarse otra cereza con chocolate olvidada en un platito, pero un malencarado lacayo se lo impidió diciendo:

—Su trabajo aquí ha terminado, Mozart. En la puerta de servicio recibirán su paga —dijo el lacayo con desdén.

—Gracias. Vámonos, niños —ordenó don Leopoldo.

Wolfi se sentía desconcertado. Estaba feliz de recibir tantos aplausos y de enorgullecer a papá, pero algo le incomodaba. Los sirvientes del príncipe parecían tratarle con desprecio. ¿Sería por ser músico?

Esa noche el niño no volvió a pronunciar palabra.

el piano es un instrumento en cuyo interior hay unas cuerdas conectadas a unos macillos? Cada tecla articula un macillo dentro del instrumento y, al presionar las teclas con los dedos, esos macillos golpean las cuerdas. Por ello, aunque el piano es clasificado como un instrumento de cuerda, en ocasiones se le ubica como un instrumento de percusión, ya que los macillos deben golpear las cuerdas para hacerlas sonar. Cuánto más fuerte se golpean, mayor será el sonido que emite el instrumento. El tipo de piano que Mozart tocaba fue inventado por el músico Bartolomeo Cristofori en Italia a finales del siglo XVII. El maestro llamó pianoforte a su invención, (en italiano, la lengua de la música, *piano* quiere decir "suave", y *forte* "fuerte"). Eligió llamarlo así ya que el nuevo instrumento podía emitir sonidos fuertes y suaves, a diferencia de otros teclados anteriores como el clavecín. Más adelante, el nombre del instrumento se acortó al que conocemos hoy en día, "piano".

Mozart escribió 27 conciertos para piano y orquesta, y 25 sonatas para piano solo. **Escucha y disfruta la música de Wolfi, sin duda deleitará tus oídos y muy pronto elegirás una obra favorita de quien fuera el niño prodigio de Salzburgo.**

De violines y ladrones

Los Mozart regresaron a su hogar en Salzburgo una semana antes de la Navidad, cuando las calles se cubrían de nieve. Lo primero que el pequeño compositor hizo al entrar a casa fue correr a los brazos de mamá, quien lo colmó de besos.

—¡Mami, mami, ya llegamos! —gritó el pequeño.

Al instante el perrito Schatzi se unió al abrazo, dando brincos y volteretas.

—¿Te portaste bien, amigo? —le preguntó el niño.

Wolfi había extrañado tanto a mamá que todas las noches soñó con ella, pero también con perritos, música y teclados… eso sí, ¡siempre música y teclados!

Después de retozar un buen rato con Schatzi, Wolfi y Nannerl salieron a jugar entre la nieve, mientras mamá Anna María terminaba de preparar la cena y papá desempacaba las maletas. Otros vecinos se unieron al regocijo de los Mozart y salieron de sus casas a darles la bienvenida con gusto. Wolfi les contó de su aventura en el palacio del príncipe Maximiliano.

Después de la cena, el pequeño compositor sintió deseos de celebrar su regreso y lo hizo escribiendo una pequeña danza para violín y piano, la cual completó en menos de una hora. Don Leopoldo tocó la parte del instrumento de cuerda y la bella Nannerl la sección para el teclado. Mientras tanto,

Wolfi y mamá bailaron en medio de la sala con el perrito Schatzi uniéndose animoso a la danza.

Pasó el tiempo y cuando llegó la Navidad, don Leopoldo obsequió a su hijo un pequeño violín envuelto en una hermosa caja dorada con moño rojo. ¡Wolfi estaba que no cabía de contento! ¡Ahora no sólo podría componer y tocar en el piano, sino también lo haría en el violín, como su padre!

—Mira, Nannerl, ¡papi me regaló un violín! —anunció Wolfi a su hermanita con los ojos brillantes de emoción.

De inmediato el pequeño Mozart comenzó a tomar clases de violín con papá y muy pronto fue aceptado en el grupo de músicos que cada semana se reunía en casa de don Leopoldo a ensayar. La capacidad del niño para aprender y dominar este difícil instrumento era realmente asombrosa, pues nada le proporcionaba mayor felicidad que descubrir día con día las múltiples posibilidades de la música.

Una mañana, mientras la familia desayunaba chocolate con bizcochos, llamaron a la puerta. A don Leopoldo le había llegado una carta. El maestro la abrió con curiosidad y al leerla sus ojos se encendieron como lámparas.

—Wolfi, Nannerl, mamá, ¡vengan todos! —gritó el padre—. ¡Nuestra fama ha recorrido toda Europa y hemos recibido la invitación más importante hasta ahora!

—¿A dónde vamos, al zoológico? —preguntó Wolfi.

—¡Sí, y tú tocarás para los changos, Wolfgang! —bromeó Nannerl.

—No, niños. Frío, ¡frío! —continuó papá con una pícara sonrisa.

—¡Ya sé! —gritó el niño—, haremos música en el circo para los títeres y comeremos muchos dulces y helados.

—No, Wolfi —interrumpió don Leopoldo—. Se trata de algo mejor y más importante.

—¿Más importante que comer dulces y helados? —preguntó Wolfgang, frunciendo el ceño.

—Prepárense, niños, pues hemos sido invitados a tocar en el palacio imperial ante su majestad la emperatriz María Teresa. Haremos música en el cumpleaños de su hija, la bella archiduquesa María Antonieta.

—¡Pentagramas chamuscados, papi! —exclamó Wolfi, dejándose caer en un sillón—. ¡Tocaremos para una archi...! ¿Archi qué?

—Archiduquesa, hijo —aclaró don Leopoldo entre risas—. Así se les llama a las hijas de un rey o una reina aquí en Austria. Es igual que decir princesa.

—Pues yo prefiero decirle princesa —afirmó el niño—. Imagínate, Nannerl, ¡tocaremos para una princesa! ¿Tú crees que pueda jugar con ella, papi?

—No, Wolfgang. Tú mismo lo has dicho: ella es una princesa y nosotros nos somos más que...

—Sirvientes —zanjó mamá—. Para esa gente no somos más que eso, Leopoldo. Pero, bueno, nos dan de comer.

—Para ellos no somos más que músicos —terminó papá.

—¡Pero de los buenos! ¿Verdad, papi? —preguntó Wolfi.

—Sí, hijo, ¡de los mejores! —respondió don Leopoldo, al tiempo que pasaba su mano por la rubia cabellera de su hijo.

Mientras tanto, el maestro Mozart regresó a sus actividades como compositor de la corte del príncipe arzobispo de Salzburgo. Una tarde, don Leopoldo mostró a su empleador algunas de las composiciones que su talentoso hijo había escrito durante el viaje.

—Vamos, Mozart, ¡esto no puede ser! —exclamó asombrado el príncipe—. Un niño de seis años no pudo haber escrito esto. ¿Está seguro de que no ha recibido un poco de ayuda de papá?

—Alteza, yo soy su maestro, claro, pero lo que tiene usted en sus manos lo ha creado mi hijo por sí solo —contestó el padre—. Le confieso que Wolfgang me sorprende a diario.

Después de varios meses, la familia Mozart se alistaba para salir de gira por segunda ocasión. El príncipe otorgó de nueva cuenta permiso para que don Leopoldo se ausentase, ya que el arzobispo estaba convencido de que el talento de los niños prodigio traería fama al principado de Salzburgo. Además, una invitación al palacio imperial no podía declinarse.

En esta ocasión, mamá Anna María viajaría con ellos.

—¿Podemos llevar a Schatzi también, papi? De seguro la princesita María Antonieta querrá jugar con él —suplicó Wolfi en la víspera de su partida.

—¡Claro, hijo! —bromeó papá—. Si gustas, podemos llevar a todos tus amigos de la cuadra y a sus mascotas también.

Después de una pausa, don Leopoldo agregó:

—Wolfi, no hay espacio para un perro en el carruaje. Lo encargaremos con nuestro vecino, el señor Gruber y su familia. Amablemente han aceptado cuidarlo hasta nuestro regreso. ¿De acuerdo?

—De acuerdo, papi —aceptó cabizbajo el niño.

A diferencia de su viaje anterior, el día de la partida hacia Viena llovía a cántaros y esta vez ningún pajarito cantó para despedirles.

Cierta tarde durante el viaje, el carruaje de los Mozart atravesaba por un campo rodeado de pinos, cuando de pronto el cochero gritó alarmado:

—Señor Mozart, ¡nos persiguen! —anunció Kurt—. Son ladrones. ¡Sujétense bien!

—¡Tengo miedo, papi! —gritó Nannerl.

Tras ellos venían unos hombres enmascarados cabalgando sobre dos corceles negros. El carruaje comenzó a avanzar cada vez más rápido sobre un camino pedregoso. Don Leopoldo abrazó fuertemente a su hija y Wolfi buscó refugio en los brazos de mamá.

De repente, los maleantes se hundieron en un enorme agujero que no era visible al estar oculto bajo un gran charco y los Mozart los perdieron de vista.

—¡Se han atorado! —gritó agitado Kurt—. La lluvia fue nuestra aliada.

No habían avanzado mucho cuando una de las ruedas del carruaje se desprendió. Wolfi escuchó los gritos de su madre y de su hermana, y luego todo quedó a oscuras.

¿Sabías que...

entre los años de 1763 y 1766 la familia Mozart no paró de viajar en carruaje dando conciertos por Europa? Durante los largos trayectos don Leopoldo daba clases a sus hijos para que no se atrasaran en la escuela. Recorrieron muchísimas ciudades, como Londres, París y Bruselas, demostrando su talento y al mismo tiempo aprendiendo idiomas y nuevas formas musicales.

Sin embargo, no todo en estos largos viajes era risas y buenos momentos. Dentro del pequeño carruaje la familia con frecuencia sentía congelarse en tiempos de frío y derretirse con el calor sofocante del verano. **Wolfi y Nannerl llegaron a padecer enfermedades graves durante estas giras, pero siempre su gusto por la música los sacó adelante con buen ánimo.**

Un amigo llamado Mausi

Cuando Wolfi despertó, ya había amanecido.

Se encontraba en el lecho de una habitación sencilla: las paredes estaban hechas de troncos de árbol y a través de una ventanita se filtraban los primeros rayos del sol. Un niño de edad muy parecida a la suya se hallaba a su lado, mirándolo con curiosidad mientras tocaba una flauta de madera. Su melodía era dulce y armoniosa. Tenía una larga cabellera oscura y brillantes ojos verdes. Su naricita estaba rodeada de pecas y sus dientes incisivos eran grandes como los de un roedor. Vestía ropa humilde, pero muy limpia. De su cuello colgaba un morralito de tela al cual le habían bordado unos simpáticos borreguitos.

—¿Qué ocurrió? —preguntó Wolfgang.

—Perdieron una rueda —contestó el extraño—. Mi padre está ayudando al cochero que venía con ustedes a repararla; tu mamá y tu hermana están abajo también. Me dejaron a tu lado para estar pendiente del momento en que despertaras. Somos pastores. Te subieron aquí después del accidente.

—Gracias —contestó Wolfi—. Tocas muy bien la flauta. ¿Cuál es tu nombre?

—Herman, pero me dicen Mausi porque papá dice que tengo dientes de ratón, je, je. Y tú, ¿cómo te llamas?

—Johannes Chrysostomus Wolfgangus Theophilus Mozart.

Mausi soltó una sonora carcajada.

—¡Pero me dicen Wolfi! —se apuró a aclarar el pequeño compositor.

—¡Ah!, eso está mejor. Así tendrás tiempo de decir muchas otras cosas interesantes en tu vida.

Los dos niños rieron.

—¿Dónde compraste tu flauta? —preguntó Wolfgang.

—Mi papá me la hizo con la madera de un viejo árbol de ciruelo, ¡aquí tenemos muchos! —Mausi sacó unas ciruelas de su morral—. ¿Quieres una? —le preguntó.

—Sí, gracias —aceptó Wolfgang—. Se ven muy ricas.

—Bueno —continuó Mausi, mordiendo la fruta—, yo cuido a mis ovejas y toco la flauta para ellas. ¿Tú sabes hacer música, amigo Mozart?

—¡Claro! Toco el piano y ahora el violín. Además, ya escribo mis propias obras. Ahora estamos de gira, tocaremos para la emperatriz y su hija, la princesita María Antonieta, quien además es una... archi-hamburguesa, o algo así.

—¿En serio?, ¡qué genial! —exclamó Mausi—. Escucha, tengo una idea: deberías componer algo para mis ovejas.

—¡Claro! —aceptó Wolfi animoso—. ¡Podemos hacer música juntos!

En ese momento los padres del pequeño Mozart ingresaron a la habitación.

—¡Por fin has despertado, hijo! Estábamos muy preocupados por ti —exclamó la madre.

—Esta familia nos ha recibido muy amablemente —informó papá Mozart—. ¿Te sientes bien?

—Sí, papi —respondió el niño—, sólo un poco mareado.

—Estaremos aquí un par de días mientras Kurt y el papá de Mausi, el señor Meyer, arreglan la rueda del carruaje —continuó don Leopoldo.

—Pero, entonces, ¿ya no tocaremos en el cumpleaños de la princesa? —preguntó Wolfi con cierta decepción.

—Las celebraciones durarán dos semanas —dijo papá—. Mañana iremos al pueblo cercano y escribiré al palacio para informar que llegaremos un par de días tarde. Tal vez logremos estar ahí a tiempo y no perder la paga.

—¿Y dónde ensayaremos, papi?

—Me comenta el señor Meyer que en la iglesia del pueblo hay un órgano. Tal vez podríamos pedir permiso para que ustedes practiquen en él. No es lo ideal, pero...

—¡Es cierto! —continuó Mausi—. Los domingos lo tocan en misa y suena muy bien. ¿Puedo acompañarlos, señor Mozart?

—No veo por qué no, pequeño —afirmó don Leopoldo—. Esta noche durante la cena pediremos permiso a tu papá, y si está de acuerdo, tú serás nuestro guía.

Los dos niños intercambiaron miradas y sonrisas. Wolfi había encontrado un nuevo amigo.

¿Sabías que...

la flauta es un instrumento de viento que existe desde tiempos muy antiguos y que podemos encontrar en todos los países del mundo? Produce su sonido cuando el músico sopla a través del mismo desde una boquilla, abriendo y cerrando con los dedos los distintos orificios del instrumento. Hay muchos tipos de flautas y originalmente se hacían de madera (como la que hizo el padre de Mausi para su hijo), pero también las hay de hueso, carrizo o bambú. Poco a poco las flautas se comenzaron a fabricar también de metal para obtener un sonido más puro, sonoro y preciso, sobre todo al momento de tocar con una gran orquesta.

Mozart escribió algunos conciertos para flauta, además de una bellísima ópera llamada *La flauta mágica*, ¡búscala! Es música encantadora y divertida que cuenta una historia fantástica donde abundan genios, valientes príncipes, princesas cautivas y criaturas que son mitad pájaro y mitad ser humano. ¡De seguro te hará soñar despierto!

Con la ayuda de tus padres o maestros prueba hacer tu propia flauta casera con un popote, al cual le harás diversas perforaciones y una boquilla. Hay buenos tutoriales en internet que los llevarán paso a paso por el proceso.

De pájaros y lágrimas

Al día siguiente, después del desayuno, los Mozart partieron a la iglesia del pueblo acompañados por Mausi, pasando primero a la oficina de correos para enviar la carta en la que don Leopoldo informaba al palacio que llegarían con retraso a la celebración por el destrozo de la rueda. En el templo fueron recibidos por el párroco local, un hombre pequeño de escasa cabellera y de pronunciado vientre.

Leopoldo Mozart se presentó ante el religioso.

—Bienvenido, maestro Mozart —exclamó el sacerdote—. He escuchado mucho de usted. Sé que es maestro de capilla de su eminencia el arzobispo. Disfruto mucho su música cuando tengo el privilegio de ser invitado al palacio arzobispal; es grandiosa, conmovedora, ciertamente, de lo mejor... invita a la oración.

—Gracias, padre. Me halagan sus comentarios —respondió don Leopoldo—. Estamos aquí de paso debido a que nuestro carruaje sufrió un percance. Nos dirigimos a Viena para tocar en las celebraciones por el cumpleaños de la archiduquesa María Antonieta y me pregunto si mis hijos podrían practicar un rato en el órgano de su iglesia.

—¡Naturalmente, don Leopoldo! Todos por aquí sabemos de los pequeños niños prodigio de Salzburgo. Pasen ustedes, por favor.

—Oye, ¡eres famoso amigo Wolfi! —susurró Mausi al oído de Wolfgang, quien le respondió con un guiño juguetón.

Ascendiendo por una estrecha escalera de caracol, el sacerdote los guio hasta donde se encontraba el instrumento. Era pequeño, pero muy bello. Los tubos que sobresalían del órgano habían sido decorados con caritas de angelitos, duendes y animales míticos, como toros alados y pájaros con cuernos. La boca del tubo coincidía también con la boca de cada personaje pintado, de modo que parecía que aquel coro de criaturas fantásticas estuviera cantando.

Wolfi comenzó a deslizar sus deditos sobre el teclado mientras don Leopoldo lo asistía manipulando un fuelle con el fin de proveer aire continuo a los tubos y así producir el sonido cada vez que su hijo presionaba las teclas. La bella Nannerl cantó acompañada por su hermano y Wolfi sorprendió a todos con su inusitada habilidad para adaptarse a este nuevo instrumento.

Acto seguido, Nannerl se sentó frente al teclado, Wolfi afinó su violín y los niños Mozart hicieron música a dueto.

Mausi los miraba azorado y boquiabierto.

—¿Sabe, don Leopoldo? —exclamó el cura con timidez cuando los pequeños terminaron de ensayar—, yo también escribo música en mi tiempo libre. Me pregunto si sus hijos quisieran hacerme el honor de tocar una obra mía.

—¡Naturalmente! —afirmó el maestro—. Lo harán con gusto, ¿verdad niños?

—Sí, papi —respondieron alegremente y a coro los pequeños Mozart.

El sacerdote sacó unas partituras de cierto armario cercano y se las entregó a los visitantes.

—Es tu turno Wolfi— dijo Nannerl, retirándose del teclado.

—¡Voy! —gritó el niño travieso, entusiasmado por la posibilidad de tocar algo nuevo.

Mausi quedó sorprendido al comprobar que Wolfi tocó la pieza del sacerdote a primera vista, ¡y no sólo eso! El joven Mozart la mejoró, improvisando al momento sobre la composición original. Su habilidad parecía no ser de este mundo, ¡era magia pura!

—¡Bravo! —gritó el cura, visiblemente conmovido al final de la ejecución—. Nunca pensé que mis garabatos pudieran sonar tan bien. Sublime, ¡genial! Ya podré presumir que el pequeño prodigio Wolfgang Mozart interpretó mi música. Gracias, mi niño, ¡que Dios te bendiga!

Los visitantes se despidieron del amable sacerdote y tomaron el camino de regreso a casa, bajo la guía del pastorcito.

—Ahora tú deberás tocar para nosotros, Mausi —demandó Wolfgang.

—¿Tú también haces música? —preguntó Nannerl, intrigada.

—Mausi toca la flauta —aseguró Wolfgang—. ¿Verdad, amigo?

—Sí, pero... sólo para mis ovejas —respondió tímidamente el pastorcito.

—Bueno, harás de cuenta que somos borreguitos, que somos parte de tu rebaño —sugirió sonriente papá Mozart.

—¡Eso! Y nosotros podemos acompañarte haciendo *bee, bee.*

Todos rieron ante la broma de Wolfgang, aunque a Mausi no pareció causarle mucha gracia.

—No se hable más. Habremos de escucharte después de la comida —concluyó don Leopoldo.

Mausi sonrió forzadamente y guardó silencio hasta que regresaron a su casa.

Entre risas, chismes y buen humor, la señora Anna María Mozart asistió a la madre del pastorcito en la preparación de los alimentos mientras los demás asistían a la iglesia, entre risas, chismes y buen humor. A la mesa sirvieron un platillo llamado *Eisbein,* que es una jugosa pata de cerdo al horno acompañada de albóndigas de papa, col morada, cebollas y vegetales. De postre la señora Mozart preparó su famoso pastel de chocolate con nata y mermelada de cerezas.

Durante la comida Mausi siguió sin decir palabra, jugueteando con sus alimentos sin probar bocado. A sus padres les extrañó el silencio de un niño que les tenía acostumbrados a una constante y alegre perorata.

Después de engullir la última cucharada de pastel, Wolfi exclamó:

—Mausi, ¡es tu turno! Toca algo en tu flauta.

El padre del pastorcito, el señor Meyer, dijo:

—Me parece muy buena idea. Anda, hijo, alegra a nuestros huéspedes como sólo tú sabes hacerlo.

—No quiero —respondió secamente el pastorcito, agitando la cabeza.

—Anda, Mausi —insistió Wolfgang—. Toca la melodía con la que me despertaste. Me gustó mucho. No te hagas del rogar. ¡Que toque Mausi!

Todos los ahí reunidos, incluyendo a Kurt, el joven cochero, corearon el ruego de Wolfi.

—¡Que toque Mausi! ¡Que toque Mausi! —gritaba la comitiva, aplaudiendo a ritmo y golpeando con los cubiertos sobre la mesa.

De súbito el pastorcito se levantó de su asiento y gritó:

—¡No quiero! No puedo leer una partitura como tú, sólo toco tonterías... ¡no soy músico!

Y subió a su habitación bañado en lágrimas.

Wolfi y Nannerl fueron tras él.

—Mausi, ¡regresa! —exclamaron los Mozart.

Viéndolos alejarse, el anfitrión le comentó a don Leopoldo:

—Como debe suponer señor Mozart, nosotros tocamos de oído. Repetimos en la flauta y el tambor las melodías de nuestros abuelos, de antiguos trovadores que han pasado por aquí contando historias y leyendas de reyes, batallas y romances —explicó el señor Meyer—. De seguro el enorme talento de sus hijos ha cohibido al mío. Ya se le pasará.

En el piso superior, Mausi se había encerrado en su habitación. Wolfi y Nannerl le hablaban junto a la puerta a través de la cerradura.

—Mausi, ¡ábreme, amigo! —suplicaba el pequeño compositor.

—¡Vete! No quiero bajar —se negó Mausi desde adentro—. No soy un músico de verdad, como ustedes. No sé escribir ni leer música. Sólo toco lo que tengo en mi cabeza.

Entonces la bella Nannerl dijo con voz aterciopelada:

—Pero, Mausi ¿y los pájaros?

Hubo un momento de silencio.

La jovencita continuó:

—¿Acaso ellos no hacen música? Que yo recuerde, nunca los he visto leer ni escribir una partitura.

La puerta se abrió lentamente.

Mausi sonreía entre lágrimas y los tres niños se abrazaron en el corredor.

Esa tarde Mausi tocó para todos junto al fuego de la chimenea con absoluta y natural destreza. Su energía juvenil cautivó a los Mozart; había una gracia natural y transparente en la ejecución de aquel pastorcito alegre cuyos trinos y exquisitas melodías estaban llenos de color y movimiento.

Cuando Mausi concluyó, todos le aplaudieron con sincera admiración.

—¿Sabes, Mausi? —dijo Wolfi—. Algún día escribiré una obra para ti. ¡Usaré las melodías que tocaste!

—¿Me lo prometes? —preguntó el pastorcito.

—Te lo prometo, amigo. Se llamará *El gran concierto "Mausi"*.

—Melodías del campo para flauta y orquesta —dijo Nannerl, completando la idea.

—¡Me gusta! —sentenció Mausi con su amplia sonrisa de ratón.

—Su hijo tiene un talento natural para la música, señor Meyer —aseguró don Leopoldo—. Si algún día desea que estudie formalmente, no dude en buscarme en Salzburgo. Mucho me complacerá apoyarle para que ingrese a la academia arzobispal. Será también una oportunidad para agradecer su hospitalidad.

—¡Gracias, maestro Mozart! —dijo entusiasmado el señor Meyer—. Aprecio mucho su ofrecimiento.

Wolfi y Mausi se miraron con alegría. La música los había unido en aquella tarde feliz. A través de la ventana de la sala se podía escuchar a un ejército de pájaros que se apresuraba a despedir la tarde con su canto.

¿Sabías que...

en 1784, Mozart, ya adulto, adoptó un pájaro estornino como mascota? El estornino es un ave que imita sonidos con gran habilidad. Cuenta la leyenda que para entonces la música de Mozart ya era muy conocida y ese estornino en particular había aprendido a cantar una de las melodías del genio de Salzburgo, ¡su *Concierto para piano núm. 17 en sol mayor*!

Se dice que Wolfgang iba pasando por una tienda donde exhibían al pajarito y, al escucharle gorjear su composición, quedó fascinado y lo compró. Se piensa que incluso en posteriores presentaciones Mozart modificó la melodía central de su *Concierto 17* para adaptarla a las variaciones que el estornino realizaba de la melodía original. El ave fue un amigo fiel para nuestro héroe durante tres años, acompañándolo durante tiempos difíciles. Cuando el pajarito murió, Mozart se sintió muy triste, por lo que le escribió un poema y lo enterró en el patio trasero de su hogar.

Y tú, ¿has tenido mascotas que te robaron el corazón? De ser así, prueba escribir, como Mozart a su pájaro estornino, un poema en el que expongas las razones por las cuales ese animalito ha sido importante para ti.

Despedida con borreguitos

Al día siguiente por la mañana, después de un delicioso desayuno con pan recién horneado y leche fresca, Wolfgang y Mausi jugaron a la pelota entre los ciruelos. El pastorcito llevó a su amigo compositor a conocer a sus ovejas; en especial, Mausi quería presentarle a su favorito del rebaño, un borreguito blanco y ruidoso llamado Schnee, que en alemán quiere decir "nieve". Mozart le contó a su vez de su querido perrito Schatzi, cuyo nombre significa "mi pequeño tesoro", y también de sus muchas travesuras.

Después los niños se sentaron bajo la sombra de los árboles a hacer música. Mausi tocaba su flauta, omitiendo de vez en vez una que otra nota para espantarse las abejas y las hormigas mientras Wolfgang improvisaba alegremente con el violín sobre las melodías del pastor. La brisa matutina soplaba con suavidad entre los árboles y el cielo era del azul más profundo: un azul de cuentos y de sueños.

Ocasionalmente, Wolfi le pedía al flautista que hiciera un alto en la música para escribir lo interpretado por el pastor sobre pequeñas hojitas de papel pautado. Wolfgang quería llevarse un recuerdo de su amigo, ¡y qué mejor que su música!

En eso, Schnee, el esponjado borreguito que había estado quieto junto a los niños, escuchó el llamado de su mamá a lo lejos y, en la premura por

correr a su lado, pisoteó las partituras de Wolfi, derramando el contenido del tintero sobre lo escrito.

—¡Uf, perdona, amigo! —se disculpó Mausi—. Cuando su mami llama, nadie lo detiene.

—Wolfgang, ¡ya nos vamos! —gritó Nannerl a la distancia.

—¡Voy! —respondió Mozart—. No pasa nada, amigo. De cualquier manera, ya tengo tu última tonada en la cabeza. La escribiré en el coche.

—¡Presumido! —exclamó Mausi.

Los dos niños rieron al levantarse de la hierba.

—Adiós, Mausi —dijo Wolfgang con un asomo de tristeza.

—Adiós, amigo Mozart. Espero que las señoras de la corte no te besuqueen demasiado —respondió el pastor con una risita—. Escríbeme para que me cuentes de qué sabor fue el pastel de cumpleaños de María Antonieta.

—Así lo haré —prometió Wolfgang—. Ojalá que te lleven a estudiar a Salzburgo para jugar de nuevo y hacer música juntos.

—Ojalá —dijo el pastor.

La familia Mozart subió al carruaje. La rueda había sido reparada y todo estaba listo para retomar el camino a Viena. Muy juntita frente a la puerta de su hogar, la familia Meyer se despidió de los músicos viajeros.

—Han sido nuestra salvación, señor Meyer. Mil gracias —afirmó don Leopoldo mientras entregaba una bolsa con monedas a su anfitrión.

—Fue un gusto, señor Mozart —respondió el campesino—. Siempre serán bienvenidos aquí, en su humilde casa. ¡Buena suerte en Viena!

—¡Arre! —gritó Kurt a los caballos.

La mamá de Mausi sacó un pañuelo de la bolsa de su mandil y lo sacudió al aire para decir adiós a sus huéspedes.

El pequeño Wolfi no dejó de agitar su mano desde el interior del coche para despedirse de su nuevo compañero de aventuras. Después, cuando el carruaje se había perdido de vista, con la puntita del pañuelo la señora Mayer secó las lágrimas de su emocionado pastorcito.

¿Sabías que...

Nannerl, la hermanita de Wolfi, no realizó la totalidad de las giras que los Mozart emprendieron por Europa? Cuando Nannerl alcanzó la adolescencia, su padre estimó correcto que ella se quedase en casa con mamá porque en esa época se consideraba necesario que una jovencita cultivara oficios que la convirtieran en buena candidata para el matrimonio. Éstos contemplaban aprender a cocinar, tejer, bordar y adiestrarse en el cuidado de los hijos y el marido. **Es probable que Nannerl hubiese destacado tanto como su hermano Wolfgang en la música de no haber sido limitada en su desarrollo por las convenciones de su tiempo. ¿Tú qué piensas?**

Afortunadamente, hoy en día las mujeres pueden ejercer y destacar en todos aquellos oficios que antes eran reservados para los hombres. ¡Esto es un gran logro! ¿No crees?

De relojes y muñecos

Unos cuantos días después, sanos y salvos, los Mozart arribaron a Viena, la hermosísima capital austriaca. Múltiples banderitas con los colores blanco y rojo de Austria ondeaban en los balcones y las calles estaban repletas de gente. Habían sido decoradas con guirnaldas y arcos de flores por el cumpleaños de la joven archiduquesa. En las tiendas se exhibían pequeños retratos de la princesa y a Wolfi le impresionó su belleza: sus ojos parecían estrellas que deslumbraban desde los retratos, era como una muñeca de marfil. Los Mozart quedaron igualmente impresionados al llegar al famoso castillo de Schönbrunn, que en alemán quiere decir "fuente bonita" en honor a las aguas cristalinas del pozo artesanal del cual bebían los residentes del palacio.

—¡Es enorme, papi! —exclamó Wolfi boquiabierto.

—Dicen que tiene más de mil cuatrocientas habitaciones —afirmó mamá.

—Aquí sí podremos jugar bien a las escondidas Nannerl, ¡nunca me encontrarás! —bromeó Wolfgang.

La familia fue hospedada en una de las cabañas aledañas al palacio, donde los Mozart desempacaron sus pertenencias.

—Su majestad estará complacida de saber que han llegado con bien, señor Mozart —anunció un mayordomo de altísima peluca blanca y emplumado sombrero de tres picos—. Su presentación tendrá lugar mañana por la noche ante sus majestades.

La emperatriz había dispuesto que un piano fuera colocado en las habitaciones de la familia para que los niños pudieran ensayar. En cuanto Wolfi vio el instrumento se puso a practicar sobre el teclado sin siquiera quitarse el abrigo. Era como si sus deditos tuvieran hambre de música. Al mismo tiempo, sentía mariposas en el estómago, pues en unas cuantas horas tocaría para la bella princesa de los ojos de luz.

A través de la ventana, el niño compositor vio llegar a otros músicos con sus instrumentos bajo el brazo para hospedarse en cabañas cercanas. Uno de ellos traía una reluciente flauta e inevitablemente Wolfgang recordó a su amigo el pastorcito.

La noche del concierto, los Mozart fueron conducidos por el mayordomo empelucado a través de los interminables pasillos del palacio. Su sombrero lucía más plumas que el día anterior y las hebillas de sus zapatos brillaban bajo la luz de las velas.

La familia Mozart vestía de nuevo sus mejores galas. Mamá se había encargado de que sus hijos estuvieran impecablemente ataviados para el concierto con moños y pelucas blancas en la cabeza, como era la costumbre en el siglo XVIII. De vez en cuando la familia se encontraba con elegantes cortesanos que cuchicheaban al mirar con curiosidad a los niños.

A Wolfi le llamó la atención el gesto solemne y amargo de su guía. Por tanto, susurró al oído de don Leopoldo:

—Oye, papi, creo que Nannerl huele feo, ¡porque ese señor va haciendo cara de fuchi!

—Wolfgang, ¡silencio! —exclamó don Leopoldo por lo bajo.

El mayordomo miró a Wolfi con desdén y su gesto se contrajo aún más, como si hubiera chupado un limón.

Abrió una puerta y ordenó:

—Esperen aquí, maestro Mozart. Yo mismo regresaré por ustedes cuando sea su turno. Mientras tanto pueden admirar el famoso reloj de su majestad imperial, del cual salen los doce apóstoles a dar la hora.

—Nos han hablado mucho de esa maravilla —aseguró papá Mozart—. Gracias. Estaremos listos.

Transcurrieron más de dos horas. Don Leopoldo ahora roncaba sobre un sillón y la hermosa Nannerl soñaba sobre el regazo de su madre. Wolfi se entretuvo mirando el famoso reloj de la emperatriz que, cada hora, abría sus pequeñas puertas con el canto de un mecánico pájaro cucú.

—Cú-cú, cú-cú —repetía el pajarillo.

Después de escucharse unas campanitas, al compás de una alegre tonadilla desfilaban doce muñequitos labrados girando sobre su eje, rodeados de angelitos de marfil.

Wolfi intentó saludar a uno de los muñecos, pero al hacerlo se quedó con él en la mano.

¡Poing!

¡Crack!

—Wolfgang, pero ¡qué has hecho! —exclamó asombrada doña Anna, despertando de su sueño por el ruido, colocando las palmas sobre sus mejillas por el susto.

Aterrado, el travieso compositor metió el muñeco en un jarrón.

Mamá Mozart suspiró:

—Bueno, pues ni hablar. Desde ahora el famoso reloj de su majestad imperial dará la hora con sólo once apóstoles.

¿Sabías que...

el escritor de esta historia, el cuentacuentos mexicano Mario Iván Martínez, montó un espectáculo musical llamado *¿Conoces a Wolfi?*, el cual ha presentado con las orquestas sinfónicas más importantes de su país? En él incluyó a varios niños prodigio en los papeles del pequeño Mozart y de su talentosa hermanita Nannerl. Todos ellos interpretaron exigentes partituras de la obra mozartiana en el piano y el violín. Entre ellos llamó la atención el niño pianista, originario de Torreón, Sergio Vargas Escoruela, quien recibió el Premio Nacional de la Juventud.

Como ves, el fenómeno Mozart puede ocurrir en cualquier época cuando el talento de los pequeños recibe apoyo y aliento, cuando se cultiva con mucho trabajo y alegría.

Y tú, ¿qué talentos crees tener? **Prueba tus capacidades en las ramas del arte, el deporte o la ciencia y de seguro habrá alguna que llame más tu atención y para la cual te sientas capaz.** Cultívala de la mano de tus padres o maestros, tal como lo hicieran los hermanos Mozart con la magia de la música hace más de doscientos años. Esta afición habrá de convertirse en una actividad feliz y deliciosa de tu vida que alimentará tu espíritu y tu corazón.

Un besito de colores

Eventualmente el mayordomo regresó por la familia Mozart y los llevó al salón de conciertos. Venía apurado, sudoroso y con la peluca chueca.

—¡Pronto, dense prisa! Ya los esperan, señor Mozart. ¡Rápido! ¡Síganme, por favor!

En el trayecto, la familia se cruzó con una pareja de viejos cortesanos. Wolfi escuchó a uno de ellos decir:

—¿Y qué hay de entretenimiento esta noche?

—Los Mozart —contestó el otro—. Ya sabe, embajador: es ese hombre que exhibe a sus hijos como changuitos de circo.

A Wolfi le molestó mucho el comentario. Estaba dispuesto a demostrar que era más que un monito de feria.

Por fin los Mozart llegaron al magno salón de conciertos. Era difícil digerir lo deslumbrante de aquella escena.

La emperatriz María Teresa, una dama de rostro amable y redondos cachetes, estaba sentada en un trono dorado acolchonado con terciopelo rojo y rodeada de cientos de cortesanos, guardias y sirvientes. A su lado se hallaba su hija, la bella archiduquesa María Antonieta, sentadita sobre un cojincillo de brocado que descansaba sobre un fino taburete de nogal.

Wolfgang se sintió hechizado al instante por la niña. La princesita portaba un hermoso vestido de raso verde con hileras e hileras de finas perlas.

Sobre su peluca blanca repleta de rizos le habían colocado una fina jaulita de oro rodeada de flores. Dentro de ella un simpático pajarito mecánico gorjeaba y agitaba sus alitas al jalarle un hilito de plata.

—Cierra la boca, Wolfi —susurró Nannerl al oído de su hermano.

"Tengo que pedirle un beso a esa princesita", pensó el niño.

—Majestad —intervino el mayordomo—, la familia Mozart ha preparado un concierto y esperan su venia para dar inicio.

—¡Bravo! —celebró entusiasmada la emperatriz, golpeando su abanico sobre la palma—. Hemos escuchado muchas cosas buenas sobre los pequeños niños prodigio de Salzburgo. ¡Dicen que son una verdadera maravilla! Todos hablan de ellos. Adelante, por favor. ¡Que suene la música!

—Su majestad es demasiado gentil —exclamó don Leopoldo.

El príncipe heredero, el archiduque José, un jovencito esbelto de gran estatura y piel tan blanca como la luna, acercó su silla al piano para escuchar más de cerca el concierto y poder observar con detalle los dedos de los pequeños músicos al momento de tocar. La presión por hacer un buen papel era más grande, pues don Leopoldo recordó que el hijo mayor de la emperatriz practicaba el piano y era amante de la música.

Los hermanos comenzaron el concierto con un dueto para piano a cuatro manos, el cual fue muy celebrado por todos. Continuaron con una pieza para piano solo a cargo de Wolfi, en la que don Leopoldo cubrió el teclado con una larga tira de tela para probar el talento de su hijo. El niño prodigio tocó sin equivocación alguna.

Con el último acorde Wolfi miró a la archiduquesa María Antonieta y con una amplia sonrisa proclamó:

—Bueno, princesita hermosa, yo ya acabé. Ahora, dime, ¿te quieres casar conmigo?

Y extendiendo los brazos hacia la jovencita, el pequeño corrió hacia ella. Para su mala suerte, resbaló sobre el pulido piso del salón, cayendo sobre el regazo de la princesa y luego sobre la emperatriz. La blanca peluca de Wolfi salió volando por los aires.

Mamá Mozart estaba por regañar a Wolfi, pero se contuvo al ver que la emperatriz y su hija no podían contener la risa. Los cortesanos igualmente reían a carcajadas, pues el incidente les pareció de lo más tierno y divertido.

La monarca obsequió a los niños una cajita de música llena de bombones y chocolates, la cual tocaba una delicada melodía. Acto seguido, la corte salió a la terraza para disfrutar del espectáculo de fuegos artificiales.

El mayordomo estaba a punto de retirar a la familia Mozart del salón cuando la emperatriz lo detuvo con un firme ademán, tomó a Wolfi de la mano y personalmente llevó al niño con ella hasta el balcón, mirándolo con ternura y sincera admiración. Al momento en que la monarca se distrajo, el travieso Mozart ¡le sacó la lengua al solemne mayordomo!

La festejada y su hermano el archiduque José invitaron al resto de la familia a salir con ellos a los balcones. El cielo sobre el palacio de Schönbrunn se tiñó con fantásticas luces de todos los colores. Cada explosión era acompañada de aplausos y gritos de asombro.

Entonces, la princesa María Antonieta dirigió una dulce sonrisa a Wolfi y le dio un beso en la frente.

—Gracias, pequeño maestro Mozart. Tocaste muy bien. Nos gustó mucho tu música —agradeció la princesa con la más dulce voz.

Para el niño ése fue un momento de ensueño. Abajo, en los jardines del palacio, la orquesta imperial interpretaba majestuosamente la *Música para los reales fuegos de artificio* del gran compositor alemán Jorge Federico Händel.

Don Leopoldo miró a su hijo con una sonrisa y le guiñó un ojo. Había sido una noche inolvidable, pero el viaje apenas comenzaba.

Wolfi dejó el palacio feliz y orgulloso, pues el haber tocado ante la emperatriz y su hija era un privilegio.

Pronto se dio cuenta que para él lo importante era hacer música y hacerla bien, ya fuera para una princesa o, como su amigo Mausi, tocando libre entre las flores para un grupo de ovejitas bajo el sol.

Y colorín colorado,
colorín con musiquita,
aquí termina el cuento
de Wolfi y de su hermanita.

¿Sabías que...

muchas de las partituras de Mozart no tienen correcciones? Éste es un aspecto increíble y fascinante que no deja de sorprendernos. ¡Wolfi no necesitaba goma para borrar! La música parecía fluir de su cabeza como tomando dictado de algún ser mágico y misterioso.

La mayoría de los niños prodigio se esfuman una vez que crecen, pero con Mozart no fue así. Entre más crecía, ¡en mejor músico se convertía!

Notarás que a menudo el segundo nombre de nuestro compositor se presenta como Amadeus, esto es porque ya de adulto le gustó usar la traducción latina de Theophilus, que en griego significa "el amado de Dios".

Si nunca has escuchado alguna pieza de Wolfgang Amadeus Mozart (1756-1791), aquí te recomendamos algunas de nuestras favoritas: la *Serenata núm. 13 para cuerdas en sol mayor;* K.525, más conocida como *Pequeña serenata nocturna* y las arias de la Reina de la noche de la ópera *La flauta mágica*, en las que la soprano solista debe cantar notas agudísimas a gran velocidad. Finalmente, sugerimos buscar el *Concierto para trompa núm. 4 en mi bemol mayor,* K.495; el cual Mozart escribió para su amigo el trompista Joseph Leitgeb a quien conoció desde que eran niños.

Esperamos que esta historia te anime a escuchar el trabajo de Mozart, quien escribió más de 600 obras. ¡Tendrás mucho de donde elegir!

La música es suficiente para toda una vida,
pero una vida no es suficiente para toda la música

Sergei Rachmaninoff